BEI GRIN MACHT SICH I
WISSEN BEZAHLT

- Wir veröffentlichen Ihre Hausarbeit,
  Bachelor- und Masterarbeit

- Ihr eigenes eBook und Buch -
  weltweit in allen wichtigen Shops

- Verdienen Sie an jedem Verkauf

Jetzt bei www.GRIN.com hochladen
und kostenlos publizieren

Maik S.

OpenVPN. Ursprung und TLS/ SSL

GRIN Verlag

Bibliografische Information der Deutschen Nationalbibliothek:

Die Deutsche Bibliothek verzeichnet diese Publikation in der Deutschen National-
bibliografie; detaillierte bibliografische Daten sind im Internet über http://dnb.d-
nb.de/ abrufbar.

Impressum:

Copyright © 2009 GRIN Verlag GmbH
Druck und Bindung: Books on Demand GmbH, Norderstedt Germany
ISBN: 978-3-640-35822-9

Dieses Buch bei GRIN:

http://www.grin.com/de/e-book/129699/openvpn-ursprung-und-tls-ssl

GRIN - Your knowledge has value

Der GRIN Verlag publiziert seit 1998 wissenschaftliche Arbeiten von Studenten, Hochschullehrern und anderen Akademikern als eBook und gedrucktes Buch. Die Verlagswebsite www.grin.com ist die ideale Plattform zur Veröffentlichung von Hausarbeiten, Abschlussarbeiten, wissenschaftlichen Aufsätzen, Dissertationen und Fachbüchern.

Besuchen Sie uns im Internet:

http://www.grin.com/

http://www.facebook.com/grincom

http://www.twitter.com/grin_com

HTWK Leipzig

Fachbereich IMN

Medieninformatik

Netzwerk- und Systemmanagement

Semesterabschlussarbeit

Wintersemester 08/09

OpenVPN

Studenten: Maik S.

Leipzig, 4. Februar 2009

Inhaltsverzeichnis

Abbildungsverzeichnis

Tabellenverzeichnis

1 Einleitung

Die Abkürzung VPN steht für „Virtual Private Network" und bedeutet wörtlich übersetzt „virtuelles privates Netzwerk". Doch was verbirgt sich genau hinter dieser Abkürzung?

VPNs bieten Anwendern aus dem geschäftlichen als auch aus dem privaten Bereich die Möglichkeit, Zugriff auf das interne Netzwerk zu ermöglichen. Dabei ist es besonders wichtig die Geheimhaltung der übermittelten Daten zu wahren. Um dies zu gewährleisten setzt die VPN-Technologie auf verschiedenste kryptografische Algorithmen. Durch diese Verbindung ist es beispielsweise möglich, externe Mitarbeiter einer Firma mit dem lokalen Netzwerk der Firma zu verbinden. Die Art der Kommunikation ist dahingehend nicht auf bestimmte Protokolle beschränkt. Vielmehr ermöglicht es eine sichere Kommunikation zwischen den Clients auf der Transport- und Anwendungsschicht. Ein VPN nutzt das Internet daher nur als Transportmedium und lässt bildlich gesehen ein Teilnetz entstehen. Zukünftig wird es auch „Unified-VPNs" geben, welche zur gleichzeitigen Übertragung von Sprache, Daten und interaktiven Videokonferenzen geeignet sind. Für die Umsetzung dieser Netzwerktopologien stehen sowohl Hardware- als auch Softwarelösungen zur Verfügung. Im Rahmen dieser Arbeit wird die freie Softwarelösung OpenVPN erläutert und vorgestellt.

Nach der Einleitung folgt im zweiten Kapitel die Erläuterung zu Ursprung und Definition eines VPNs. Dabei werden sowohl die Anforderungen als auch die verschiedenen Topologien eines „Virtual Private Networks" vorgestellt. Anschließend wird im dritten Kapitel der kryptographische Hintergrund – speziell das TLS / SSL Protokoll – näher betrachtet. Im Vordergrund steht dabei die Erfassung der Grundlagen für den Verbindungsaufbau der OpenVPN Software. Dieser Verbindungsaufbau wird dann im vierten Kapitel genauer beschrieben. Dabei wird sowohl die Installation als auch die Konfiguration und Inbetriebnahme veranschaulicht. Im abschließenden fünften Abschnitt werden die aufgearbeiteten Inhalte zusammengefasst und bewertet.

2 Ursprung und Definition eines VPN

Ihrem Ursprung nach bilden VPNs innerhalb eines öffentlichen Wählnetzes virtuelle Teilnetze, wie Netze der Sprachkommunikation, X.25, Frame Relay oder ISDN. Im heutigen Sprachgebrauch spricht man von einem verschlüsselten, virtuellen Netzwerk, wenn von VPN die Rede ist. Wie in Abbildung 1 zu sehen, werden zwei „LAN Standorte" über das Internet und damit über das Virtuelle Netz verbunden. Dabei wird von einem benachbarten Netz gesprochen, wenn wenigstens zwei Netzwerke über ein „VPN-/Gateway" verbunden sind (siehe Abbildung 2). [itw]

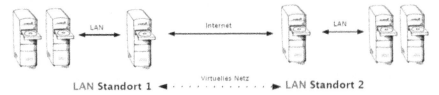

Abbildung 1 zeigt die Verknüpfung zweier LAN Standorte über das Internet [mar]

Einfach ausgedrückt: ein VPN verbindet zwei oder mehrere lokal getrennte Netzwerke miteinander, welche nicht zwangläufig die gleiche Topologie besitzen müssen („Roadwarrior" – „Firmen LAN"). Dies wird durch die verschiedenen VPN-Arten, die später erklärt werden, abgedeckt. Dabei bringt es einen entscheidenden Vorteil mit: für alle Beteiligten ist ein vollständiger Zugriff auf alle Ressourcen der zusammengeschlossenen Netzwerke, somit eine Nutzung des kompletten Datenbestandes, möglich.

Technisch erklärt, bildet das VPN dabei ein logisches Teilnetz. Es legt sich über das benachbarte Netz und nutzt deren Adressmechanismen. Dennoch transportiert es aber eigene Netzwerkpakete und somit arbeitet es vom Rest des Netzes abgekapselt. Das Internet agiert hier als Transportmedium. Die Kommunikation der darin befindlichen Clients basiert auf einer Tunneltechnik, welche individuell konfigurierbar und anpassbar ist. Für zukünftige Sicherheitseinstellungen nach der Installation ist dies ein bedeutungsvoller Aspekt. Befindet sich ein Client im VPN so agiert er wie im lokalen Netz bzw. Intranet, auch wenn er sich in einem geografisch entfernten Netzwerk befindet. Der Datenverkehr wird dabei verschlüsselt übermittelt, wodurch eine sichere Kommunikation gewährleistet wird. [itw]

Roadwarrior	VPN-/Gateway	Firmen LAN
Ext. IP: 132.76.220.8	Ext. IP: 80.20.122.1	IP: 192.168.110.x
VPN IP: 192.168.6.35	VPN IP: 192.168.6.1	

Virtuelles Netz

Abbildung 2 zeigt die Arbeitsweise VPN-Gateways [mar]

Zusammenfassend lässt sich wie folgt definieren: Ein VPN ermöglicht es, private und öffentliche Netzwerke zu kombinieren, indem das Internet als Trägermedium für die private Kommunikation benutzt wird [net].

2.1 Anforderungen an VPN

Die Anforderungen an ein VPN hängen vom jeweiligen Einsatz ab, lassen sich aber wie folgt zusammenfassend auflisten:

- Sicherheit (Benutzerauthentifizierung / Datenverschlüsselung)
- Verfügbarkeit
- Performance
- Migrationsfähigkeit und Skalierbarkeit
- Integration in existierende Netze
- Adressverwaltung

Im Bereich der Sicherheit werden viele Anforderungen gestellt, denn die Kommunikation von Sender und Empfänger wird über eine öffentlich zugängliche Leitung realisiert. Unbefugten wird ein Zugriff auf die Daten verweigert, ebenso wie sich Benutzer vor dem Zugang authentifizieren müssen. Zur Datensicherung dient ein standardisiertes Verschlüsselungsverfahren, sowie ein effektives Schlüsselmanagement zur Authentifizierung. „Gute" Schlüssel haben eine relativ kurze Lebensdauer und sind meist nur für eine Session gültig. Im zweiten Punkt, der Verfügbarkeit, geht man von Wählverbindungen, permanenten Verbindungen und Internet-VPNs aus, sprich ein VPN muss die Verfügbarkeit bieten, die nicht unter der von herkömmlichen WAN-Strukturen liegt [net].

Die Verschlüsselung einer Breitbandstrecke in Echtzeit ist ebenso eine Herausforderung, wie es auch die Nutzung von gleichzeitigen VPN-Verbindungen an die Hardware ist. In der Migrationsfähigkeit und Skalierbarkeit muss darauf geachtet werden, dass die Systeme auf offenen Standards basieren. Damit wird eine Unabhängigkeit von einem bestimmten Hersteller garantiert. Ebenfalls wichtig ist die Erweiterbarkeit der benutzten Komponenten, vor allem im Bereich von Updates. Die Wahl der eingesetzten VPN-Lösung ist zudem von entscheidender Bedeutung im Hinblick auf Gewährleistung einer langfristigen Skalierbarkeit bezüglich der Benutzerzahlen und Bandbreiten. Bei der Integration in existierende Netze ist liegt die Priorität darin, dass sich die genutzte VPN-Lösung in ein vorhandenes Netzwerk integrieren lässt. Dazu gehört auch das eingliedern in das Sicherheitskonzept. Des Weiteren ist es wichtig, dass der Administrationsaufwand auch bei wachsender Anzahl an Benutzern und Sites, die in das VPN eingebunden werden müssen, vertretbar bleibt. Die Anforderungen an die Adressverwaltung fokussiert sich auf das Adressmanagement in den jeweiligen Netzwerken. Dort ist sowohl eine Effektivität als auch eine Effizienz nötig. [inf]

2.2 VPN Topologien

Abhängig vom Einsatz unterscheidet man zwischen folgenden VPN-Arten (auch Topologien genannt):

- Host – To – Host
- Host – To – Network
- Network – To – Network
- Extranet-VPN

Im „Host – To – Host" besteht eine direkte Verbindung zwischen den einzelnen „VPN Clients" via Internet, ohne Zusatz eines VPN-Gateways, eines Internetserviceproviders oder durch Tunneling. (siehe Abbildung 3). Die Software der „VPN Hosts" verschlüsseln die Daten für die Übertragung. [tum]

Abbildung 3 zeigt die Topologie „Host – To – Host" [mar]

Im „Host – To – Network" gibt es einen „VPN Client", der über einen Tunnel auf das interne Netzwerk via den „VPN Server" zugreifen kann (siehe Abbildung 4). Ziel ist hier die Gewährleistung des Zuganges für einen Außendienstmitarbeiter von einem beliebigen Internetzugang. Der Zugriff auf das Firmennetzwerk wird über ein „Point – To – Point-Protocol" zu einem lokalen Internetserviceprovider und von dort weiter über das Internet realisiert. Die Übertragung im Tunnel ist verschlüsselt.

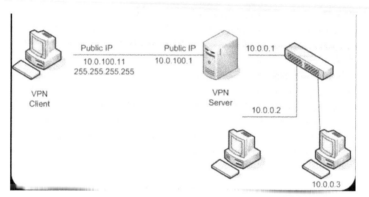

Abbildung 4 zeigt die Topologie „Host – To – Network" [mar]

Im „Network – To – Network" werden Netze von Unternehmen über „VPN Gateways" und den ISP über das Internet verbunden. Zwischen „Router A with VPN" und „Router B with VPN" wird ein sicherer Tunnel aufgebaut, durch den die Daten verschlüsselt transportiert werden (siehe Abbildung 5). [tum]

8

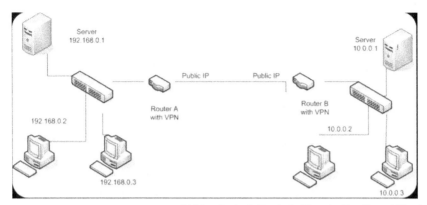

Abbildung 5 zeigt die Topologie „Network – To – Network" [mar]

Ein „Extranet-VPN" ähnelt der Struktur eines „Network – To – Network" bzw. eines „Host – To – Network". Ein „Extranet-VPN" unterscheidet sich von den anderen VPNs darin, dass es sein Netzwerk oder Teile des Netzwerkes auch für externe Personen und/oder Organisationen öffnet und diesen somit Zugriff auf die im VPN zur Verfügung stehenden Ressourcen gewährt und vertrauliche Daten mit ihnen austauschen kann. Basierend auf den bekannten VPN-Techniken werden Daten von eigenen Mitarbeitern gesondert behandelt. Dies funktioniert unter anderem durch VPN-Gateways respektive Firewalls. Beispielsweise werden die Verbindungen der Mitarbeiter im Intranet aufgelöst, die der externen Nutzer jedoch in der Firewall. Für den Datentransport wird das VPN genutzt. [bra]

3 TLS / SSL

Mit TLS / SSL wird ein Übertragungsprotokoll bezeichnet, welches eine verschlüsselte Kommunikation über unsichere Kanäle ermöglicht. Die Kombination symmetrischer und asymmetrischer kryptographischer Mittel, sogenannter „Hybrider Verschlüsselung", macht es dabei besonders sicher.

Grafisch dargestellt versteht man das Protokoll im OSI-Schichtenmodell als neue Schicht zwischen der Anwendungs- und der Transportschicht. [ulm, ietf1, bu3]

3.1 Historische Entwicklung des TLS-Protokolls

Die Geschichte des TLS-Protokolls basiert auf einer Entwicklung von „Netscape Communications". Im Jahr 1994 wurde die erste Version des „Secure Socket Layer" (SSL) veröffentlicht. Anstoß dafür war der erste entwickelte Webbrowser „Mosaic", der kurz zuvor herausgegeben wurde. Bereits nach fünf Monaten erschien der „Netscape Navigator" und damit verbunden wurde auch die SSL Version 2.0 veröffentlicht. Microsoft publizierte 1995 den „Internet Explorer" und stellte kurz darauf eine eigene Entwicklung des Sicherheitsprotokolls vor. Das PCT 1.0 (Private Communication Technology Protocol) wurde allerdings nicht weiter entwickelt. Trotz allem wurden einige Ideen des PCT in das 1996 veröffentliche SSL 3.0 mit integriert. So wurde die Clientauthentifizierung neu eingeführt. Bislang war es nur möglich die Identität des Servers zu überprüfen. Im Jahr 1999 wurde SSL durch das RFC 2246 zum Standard erklärt. In diesem Zusammenhang wurde es gleichzeitig in Transport Layer Security (TLS) umbenannt.

Trotz der Tatsache, dass die Unterschiede zwischen TLS und SSL nur geringfügig sind, ist TLS nicht direkt abwärtskompatibel. Die Kompatibilität wird nur geschaffen, da sich TLS 1.0 im Header mit „SSL 3.1" anmeldet und so wieder mit den Versionen SSL 2.0 und SSL 3.0 kommunizieren kann. Dieses Verfahren wurde bis heute beibehalten.

Weiterhin wurde das TLS 1.0 durch mehrere RFC's genauer spezifiziert, um zusätzlich mehr Kompatibilität mit anderen Protokollen zu schaffen (z.B. HTTP/1.1). Allerdings konnten erst im April 2006 mit dem RFC 4346 das TLS 1.1 standardisiert und die Ungereimtheiten über die verschiedenen Namens- und Versionsgebungen beseitigt werden. Die bislang letzte Version wurde im August 2008 verabschiedet. Als entscheidender Vorteil der Version TLS

1.2 kann der neu eingeführte Hash-Algorithmus für die Pseudozufallsfunktion gesehen werden. [eck, ietf, lag, sud, ulm, ietf1]

3.2 Aufbau des TLS-Protokolls

Im Wesentlichen besteht das TLS-Protokoll aus zwei Schichten. Zum einen dem „TLS Record Protocol", auch „TLS Record Layer" genannt, und zum anderen aus den „TLS Handshake Protocol", welches wie folgt untergegliedert werden kann: „Alert Protocol", „Change Cipher Spec Protocol" und „Handshake Protocol". Das „Application Data Protocol" hat eine unabhängige Rolle, es dient zur Datenübertragung der zu versendenden Informationen an das „Record Layer", nachdem die Verbindung aufgebaut wurde. In Abbildung 6 ist neben dem Aufbau des TLS-Protokolls noch einmal deutlich gezeigt, welchen besonderen Stellenwert das Protokoll im OSI-Schichtenmodell einnimmt: es liegt im eigentlichen Sinne zwischen der Anwendungs- und Transportschicht.

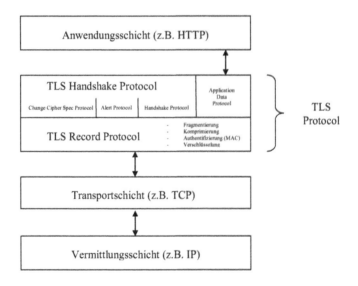

Abbildung 6 zeigt die Einordnung des TLS / SSL-Protokolls im OSI-Schichtenmodell

Die Verbindung selbst wird jedoch nicht von dem Transportprotokoll selbst hergestellt, sondern über die Programmierschnittstelle der Anwendungsschicht, auch Socket genannt.

Dieser Socket ruft die SSL-Funktion auf und das TLS-Protokoll stellt die sichere Verbindung zur Transportschicht her. Für die Herstellung der Verbindung ist es allerdings notwendig, einen gesonderten Verbindungsweg der beiden Kommunikationspartner zu finden. Dazu wurden für jedes Protokoll der Anwendungsschicht eigene Ports eingerichtet. Zusätzlich wird dem Protokoll ein neuer Name zugewiesen beziehungsweise der Buchstabe „s" hinzugefügt. So wird zum Beispiel anstatt des standardmäßigen Port 80 für das http-Protokoll der Port 443 zur sicheren Verbindung genutzt. Im Fall des http-Protokolls erkennt man die SSL-Verbindung durch die Namensgebung https. Weitere Beispiele für die Portbelegung sind in Abbildung 7 noch einmal aufgeschlüsselt. [cot, ietf, rep1, ulm, ietf1, bu4]

Bezeichnung	Portadresse	Bedeutung
https	443	SSL-basiertes HTTP
ssmtp	456	SSL-basiertes SMTP
snntp	563	SSL-basiertes NNTP
telnets	992	SSL-basiertes Telnet
ftps	990	SSL-basierte FTP-Kontrollnachrichten
ftp-data	889	SSL-basierte FTP-Daten

Abbildung 7 zeigt die Portbelegungen verschiedener Protokolle für SSL [cot]

3.2.1 Record Protocol

Das „Record Layer" dient grundsätzlich zur Absicherung der Verbindung und besitzt mehrere Aufgaben zur Datenübertragung. Zum einen

- fragmentiert es die Nachricht in bis zu 16 KByte große Blöcke (Versionsabhängig),
- komprimiert, falls aktiviert, anschließend die zu versendenden Informationen,
- verschlüsselt die Daten mit Hilfe der im „Handshake Protocol" und der „Cipher Suite" einmalig generierten kryptographischen Schlüssel und
- fügt den einzelnen Paketen einen Header hinzu, in dem zum Beispiel die Versionsinformationen stehen.

Zum anderen stellt es die Integrität der Verbindung sicher. „*Dazu wird ein verschlüsselter MAC (message authentication code) benutzt. ... Es ist aber auch möglich, das TLS-Protokoll ohne MAC zu benutzen.*" [ulm1] Dieser MAC wird vor der Verschlüsselung zusätzlich an die Blöcke angefügt. Somit kann eine ständige Überprüfung über die Korrektheit der gesendeten Pakete erreicht werden und sogenannten „Man-in-the-middle-Angriffen" wird dadurch entgegengewirkt. [eck, ietf, rep1, ulm, ietf1, bu3]

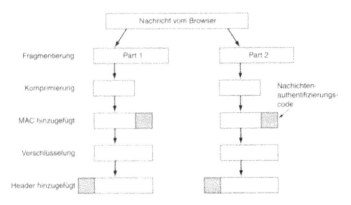

Abbildung 8 zeigt Arbeitsablauf des „Record Layer" [cot]

3.2.2 TLS Handshake Protocol

Das „TLS Handshake Protocol" kann als Grundlage des TLS-Protokolls gesehen und in drei Unterprotokolle gegliedert werden:

- Alert Protocol
- Change Cipher Spec Protocol
- Handshake Protocol

Das „Alert Protocol" dient lediglich zur Fehlerauswertung, während im „Handshake Protocol" die kryptographischen Mittel für die sichere Verbindung festgelegt werden. Ein besonderer Begriff in diesem Zusammenhang ist die „Cipher Suite". Durch das „Change Cipher Spec Protocol" werden die vorher festgelegten Spezifikationen übergeben. In diesem Kapitel wird auf diese Protokolle und Begriffe genauer eingegangen und deren Funktionsweise erklärt. [ietf, rep1, ulm, ietf1]

3.2.2.1 Alert Protocol

Das „Alert Protocol" dient zur Fehlermeldung an den Kommunikationspartner. Es wird zwischen den Fehlerarten „warning" und „fatal" unterschieden. Aus diesem Grund besteht das Protokoll aus genau zwei Byte Länge. Das erste Byte gibt den Level der Fehlermeldung an, während das zweite Byte die Meldung detailliert. Wenn der Fehler den Status „fatal" erhält wird von beiden Seiten aus die Verbindung beendet und alle verwendeten Schlüssel gelöscht. [ietf, rep1, bu3]

3.2.2.2 Change Cipher Spec Protocol

In diesem Protokoll wird lediglich eine ein Byte große Nachricht übermittelt. Sie dient sowohl dem Empfänger als auch dem Sender zur Meldung, dass die Schlüsselspezifikationen wie vereinbart übernommen werden. Während der eigentlichen Verbindung wird das Protokoll nicht mehr benötigt. Sollte es unerwarteter Weise allerdings doch eine Meldung abgeben, wird die Verbindung aufgrund einer „fatal" Fehlermeldung sofort beendet. [ietf, rep1, ulm, ietf1]

3.2.2.3 Handshake Protocol

Das „Handshake Protocol" dient vor dem eigentlichen Nachrichtaustausch zum Verbindungsaufbau und zur Festlegung der Parameter für das „Record Layer". Das Protokoll bietet sowohl dem Server als auch dem Client (ab Version SSL 3.0, siehe 3.1 – Historische Entwicklung des TLS-Protokolls) die Möglichkeit, sich gegenseitig authentifizieren zu können. Dazu werden verschiedenste kryptographische Mittel und „public-key-Verfahren" genutzt. Weiterhin werden folgende Aufgaben dem „Handshake Protocol" zum Verbindungsaufbau zugeordnet:

- Austausch der jeweils verwendeten SSL/TLS Version und Einigung auf die versionshöchste Kombination.
- Der zu verwendende kryptographische Algorithmus wird ausgehandelt („Cipher Suite").

- Die geheimen Schlüssel zur weiteren Authentifizierung und Verschlüsselung werden von beiden Seiten festgelegt und ausgetauscht („Master Secret"). [ietf, lag, rep1, ulm, bu3]

3.2.2.4 Cipher Suite

Die „Cipher Suite" wird von den Kommunikationspartnern genutzt um sich über die kryptographischen Mittel zum Verbindungsaufbau zu einigen. Grundsätzlich kann sie als eine Liste der zu verwendbaren Möglichkeiten gesehen werden. Um eine Festlegung zu finden, müssen zuerst die möglichen zu verwendenden Algorithmen ausgetauscht werden. Grundsätzlich werden folgende Komponenten festgelegt:

- der Hash-Algorithmus,
- die Art des Schlüsselaustauschs und
- die Verschlüsselungsart.

[ietf, rep1, ulm, bu4]

In Tabelle 1 befindet sich ein Auszug der möglichen Kombinationen der „Cipher Suites" für TLS 1.0 im Vergleich mit SSL 3.0:

Schlüsselaustausch	Chiffrieralgorithmus	Hashfunktion	SSL 3.0	TLS 1.0
NULL	NULL	NULL	✓	✓
RSA	NULL	MD5	✓	✓
	NULL	SHA-1	✓	✓
	RC4_128	MD5	✓	✓
	RC4_128	SHA-1	✓	✓
	DES_CBC	SHA-1	✓	✓
	3DES_EDE_CBC	SHA-1	✓	✓
	IDEA_CBC	SHA-1	✓	✓
RSA_EXPORT	RC4_40	MD5	✓	✓
	DES40_CBC	SHA-1	✓	✓
	RC2_CBC_40	MD5	✓	✓

Tabelle 1: „Chipher Suites" für SSL 3.0 / TLS 1.0 (Fortsetzung auf Seite 16) [rep4]

DH_DSS	DES_CBC	SHA-1	✓	✓
	3DES_EDE_CBC	SHA-1	✓	✓
DH_DSS_EXPORT	DES40_CBC	SHA-1	✓	✓
DH_RSA	DES_CBC	SHA-1	✓	✓
	3DES_EDE_CBC	SHA-1	✓	✓
DH_RSA_EXPORT	DES40_CBC	SHA-1	✓	✓
DHE_RSA_EXPORT	DES40_CBC	SHA-1	✓	✓
…	…	…	…	…
FORTEZZA_KEA	NULL	SHA-1	✓	
	RC4_128	SHA-1	✓	
	FORTEZZA_CBC	SHA-1	✓	

Tabelle 1: „Chipher Suites" für SSL 3.0 / TLS 1.0 (Fortsetzung von Seite 15) [rep4]

In den neueren TLS Versionen wird der MD5 Hash-Algorithmus aufgrund seiner Sicherheitsmängel nicht mehr verwendet. Allerdings muss MD5 nach wie vor Implementiert sein, um die Abwärtskompatibilität sicher zu stellen. [rep1, ietf1]

Eine genaue Definition der einzelnen Verfahren und Algorithmen befindet sich im Anhang der Ausarbeitung.

3.3 Verbindungsaufbau

Der Verbindungsaufbau über das „Handshake Protocol" ist ein komplexer Prozess von Abfragen und Austauschmechanismen.

In Abbildung 9 wird der Ablauf für den „Handshake" mit einem gegenseitigen Zertifikataustausch auf Basis des RSA-Schlüsselverfahrens detailliert dargestellt.

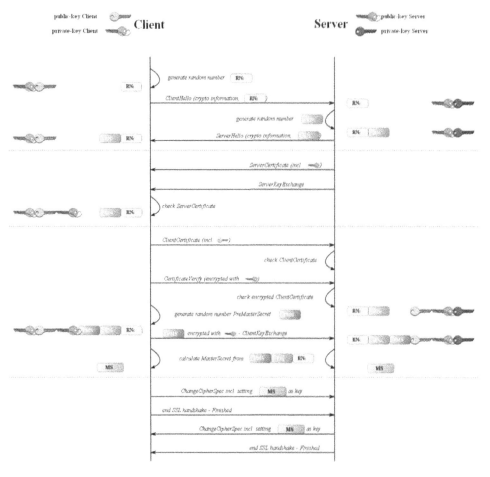

Abbildung 9 zeigt den Ablauf eines „Handshakes" mittels RSA

Beginnend beim Client, wird an den Server ein „ClientHello" gesendet. Diese Nachricht umfasst folgende Inhalte:

- die momentane TLS/SSL Version des Clients
- ein 32 Byte langer UNIX-Timestamp
- eine 28 Byte lange Zufallszahl
- einen Sitzungsschlüssel (Session-ID)
  - o hat für eine neue Verbindung den Wert „Null"
  - o ansonsten eine bereits vorangegangene Session-ID
- die vom Client aus möglichen „Cipher Suites"
- eine Liste über die möglichen Komprimierungsverfahren

Der Server antwortet darauf mit einem „ServerHello" mit folgenden Inhalten:

- die festgelegte TLS/SSL Version, nachdem die Version des Clients mit der eigenen verglichen wurde
- ein eigener 32 Byte langer UNIX-Timestamp
- eine eigene 28 Byte lange Zufallszahl
- die vom Client enthaltene Session-ID
  - o wenn „Null", wird eine neue Session-ID generiert
  - o falls der Wert ungleich „Null" ist, sucht der Server im Cache nach Einstellungen früherer Sitzungen
- die nach höchster Priorität festgelegte „Cipher Suite", die von beiden Seiten unterstützt wird

Falls eine neue Verbindung besteht, muss der Server sein Zertifikat an den Client senden. Dies dient zur zertifizierten Übermittlung des „public-keys" des Servers. Für das Zertifikat soll dabei entweder das RSA- oder das Diffie-Hellman-Verfahren genutzt werden. Anderweitig ist der Server gezwungen einen „ServerKeyExchange" zu senden, damit der Client die nötigen Informationen zur Berechnung des „PreMasterSecret" erhält. Zusätzlich kann der Server vom Client ein Zertifikat zur gegenseitigen Authentifizierung fordern („CertificateRequest"). Die Zertifikate müssen dabei dem X509v3 - Standard entsprechen.

Abgeschlossen wird der „ServerHello" mit dem „ServerHelloDone".

Auf die genauen Arbeitsweisen des RSA- und des Diffie-Hellman-Verfahrens wird in dieser Ausarbeitung nicht weiter eingegangen. Diese eigenständigen, komplexen Themen würden den Rahmen dieser Publikation bei weitem übersteigen lassen.

Der nächste Schritt geht wieder vom Client aus. Falls gefordert, schickt er sein Zertifikat dem Server zu, woraufhin ein „CertificateVerify" folgt. Die Nachricht entfällt allerdings bei Zertifikaten, die feste Diffie-Hellman-Parameter verwenden. Im „CertificateVerify" wird, wie der Name schon sagt, das Zertifikat für den Server verifiziert. Dazu wird ein Hashwert aus allen bislang gesendeten Informationen beziehungsweise Nachrichten generiert, mit dem „private-key" des Clients verschlüsselt und dem Server zugestellt.

Falls vom Server kein Zertifikat gefordert wurde, beginnt dieser Schritt mit dem „ClientKeyExchange", ansonsten wird es der Verifikation nachgestellt. Hierbei werden die erforderlichen Daten für den „PreMasterSecret" an den Server gesendet. Für die Beschreibung der genauen Arbeitsweise muss dabei unterschieden werden, welcher Algorithmus für das Zertifikat genutzt wurde.

- Wenn in dem Zertifikat des Servers der RSA-Algorithmus verwendet wurde, generiert der Client eine 48 Byte lange Zufallszahl. Diese wird mit Hilfe des öffentlichen RSA-Schlüssels („public-key") des Servers verschlüsselt und als „PreMasterSecret" an die Gegenstelle zurück gesendet. Der Server kann nun mit Hilfe seines „private-keys" die Nachricht entschlüsseln und selbst den „PreMasterSecret" nutzen.
- Im Falle, dass das Diffie-Hellman-Verfahren für das Zertifikat verwendet wurde, muss wieder unterschieden werden:

  o Wenn der Client in seinem Zertifikat einen *festen* Diffie-Hellman-Schlüssel verwendete, muss eine leere Nachricht an den Server gesendet werden. Denn in diesem Fall liegen alle erforderlichen Informationen sowohl beim Server als auch beim Client vor, um eigenständig und unabhängig voneinander einen identischen „PreMasterSecret" zu berechnen. Die „ClientKeyExchange" Nachricht darf trotz des leeren Inhaltes nicht entfallen und muss gesendet werden.

o Falls kein *fester* Diffie-Hellman-Schlüssel verwendet wurde, werden im „ClientKeyExchange" die letzten erforderlichen Informationen an den Server übermittelt und beide Parteien bilden wiederum selbstständig einen identischen „PreMasterSecret".

Wenn nun beide Kommunikationspartner den „PreMasterSecret" gebildet haben, kann das „MasterSecret" sowohl Client- als auch Serverseitig eigenständig erstellt werden. Das „MasterSecret" wird aus den Zufallszahlen aus „ClientHello" und „ServerHello" und dem „PreMasterSecret" mit Hilfe der Pseudozufallsfunktion gebildet. Dabei wird bei Versionen bis TLS 1.1 sowohl der MD5- als auch der SHA-1-Hashalgorithmus angewandt. In der darauf folgenden Version 1.2 liegen flexiblere Lösungen vor.

Nachdem das „MasterSecret" gebildet wurde, kann der Client die ausgehandelten Sicherheitsparameter der „CipherSuite" und das „MasterSecret" als Key an das „Record Protocol" übergeben. Mit der Übergabe werden die neuen kryptografischen Mittel übernommen und dem Server wird gleichzeitig mit der „ChangeCipherSpec" Nachricht aus dem „Change Cipher Spec Protocol" diese Übernahme mitgeteilt. Abgeschlossen wird dieser Schritt mit einem „Finished" des Clients. Das „Finished" dient gleichzeitig als Verifizierung der Verbindung, da in dieser Nachricht die neu ausgehandelten Parameter verwendet werden. Der Server meldet anschließend gleichfalls mit der „ChangeCipherSpec" Meldung die Registrierung der Sicherheitsparameter. Bevor auch der Server die „Finished" Nachricht abgibt, wird die Korrektheit der „Finished" Meldung des Clients überprüft. Wenn sich die ausgehandelten Parameter auf beiden Seiten als Richtig erweisen, ist der „Handshake" damit angeschlossen und die Daten können über die sichere Verbindung versendet werden.

Der Server kann während der Verbindung jederzeit mit einem „HelloRequest" das Aushandeln neuer Sicherheitsparameter hervorrufen. Auf diese Nachricht hin beginnt der Client einen neuen Verbindungsaufbau mit einem „ClientHello".

Der „HelloRequest" kann auch genutzt werden, wenn der erste Verbindungsversuch nicht vom Client sondern vom Server ausgeht. [cot, eck, ietf, lag, rep1, ulm, ietf1, bu3, bu4]

4 OpenVPN

„OpenVPN" ist eine freie Anwendung zur Einrichtung und Nutzung eines VPN-Netzwerks und unter Verwendung der TLS-Technologie. Es nutzt dabei die ebenfalls unter „General Public License" stehende „OpenSSL" Bibliothek. Dadurch können alle gängigen Betriebssysteme wie Windows 2000/XP/Vista, Solaris, Linux, Mac OS X und FreeBSD unterstützt werden. [hub, opn]

4.1 OpenSSL

OpenSSL kann sowohl als Bibliothek als auch als Anwenderprogramm gesehen werden. Zum einen können Zertifikate erstellt und verwaltet werden. Zum anderen können verschiedenste Verschlüsselungsarten für die sichere Verbindung ausgewählt werden. Grundgedanke hierfür ist, das jeder Anwender das Zertifikatsbasierte TLS-Protokoll in vollem Umfang nutzen kann. [ops]

4.2 Installation von OpenVPN

Der allgemeine Ablauf beinhaltet zu Beginn jeder Installation das Herunterladen der freien Software OpenVPN vom Hersteller OpenVPN Technologies Inc., der stets die aktuellste Version – derzeit Version 2.1 Beta – zum Download bereitstellt („http://www.openvpn.net/ release/openvpn-2.1_rc15-install.exe"). Die darauffolgende Installation des heruntergeladenen Softwarepakets gestaltet sich bei fast jedem Betriebssystem ein wenig anders. Am einfachsten verläuft die Installation unter Windows. Der Hersteller OpenVPN Technologies Inc. bietet für dieses Betriebssystem ein automatisiertes und durch Anweisungen geführtes Setup-Programm an. Infolge dessen werden die notwendigen Dateien auf das System übertragen und ein zusätzlicher Netzwerkadapter wird installiert. Die Installation des virtuellen Netzwerkadapters erfolgt unsichtbar im Hintergrund. Je nach Konfiguration des Systems wird jedoch vor der Installation des unbekannten Netzwerktreibers eine Bestätigung des Benutzers angefordert.

Anders als bei der „Doppelklick-Installation" von Microsoft Windows, verhält es sich beim Betriebssystem Linux. Das heruntergeladene Software-Paket (http://www.openvpn.net /release/openvpn-2.1_rc15.tar.gz) muss vor allen anderen Installationsschritten erstmals dekomprimiert werden. Der entpackte Quelltext wird mit dem „./configure"-Befehl automatisch konfiguriert. Um das Installationsverzeichnis zu definieren, kann beispielsweise das Argument „- -prefix" verwendet werden. Wurde der Quelltext automatisch konfiguriert, kann die Kompilierung des Quelltextes beginnen. In diesem Installationsschritt wird der in C++ geschriebene Quelltext in eine ausführbare und maschinenlesbare Datei übersetzt, die im Unterordner „bin" des Quelltextverzeichnisses angelegt wird. Der letzte Schritt zur erfolgreichen Installation von OpenVPN unter Linux ist das Übertragen der kompilierten Dateien ins System. Dies geschieht durch das Ausführen des Befehls „./make install".

Grundlage für die erfolgreiche Installation von OpenVPN unter Linux ist das Vorhandensein der freien OpenSSL-Bibliothek. Diese ist bei der Mehrheit der Linux-Systeme bereits installiert, da die OpenSSL Komponente auch von vielen anderen Programmen zur Absicherungen der Kommunikation über das Internet verwendet wird. Sollte die freie OpenSSL Bibliothek dennoch nicht auf dem System verfügbar sein, kann sie problemlos von der Internetseite http://www.openssl.org/source/ bezogen und nachinstallieren werden.

Auf Linux Distributionen mit Debian Plattform funktioniert der Installationsprozess wesentlich einfacher. Diese erfolgt dabei mit dem Paket-Installer „apt-get", der das Programm OpenVPN durch Ausführen des Befehls „./apt-get install openvpn" herunterlädt, konfiguriert, kompiliert und in das System überträgt. Ebenso automatisiert gestaltet sich die Installation von OpenVPN unter Gentoo und RedHat Linux. [adm, otu, opn, ope]

4.2.1 Konfiguration von OpenVPN

Wie bereits die Installation, unterscheidet sich auch die Konfiguration von OpenVPN nur unwesentlich auf den jeweiligen Betriebssystemen. Der Grund dafür ist einerseits die plattformunabhängige Implementierung von OpenVPN und andererseits die Verwendung des Script-Pakets „easyRSA", das den Nutzer bei der Erstellung aller notwendigen Zertifikate unterstützt und teils menügeführt leitet. [ope]

Veranschaulichen lässt sich die Konfiguration von OpenVPN am ehesten anhand eines Beispiels. Zum grundsätzlichen Verständnis, ist dafür jedoch zunächst eine Vorüberlegung notwendig:

Da es sich sowohl beim Client als auch beim Server um zwei voneinander unabhängige Netzwerke oder Workstations handelt, die maximal mit einer lokalen IP-Adresse versehen sind, ist die Erstellung eines eigenen Subnetzwerkes notwendig. Damit ist OpenVPN grundsätzlich in der Lage, Datenpakete vom Client/Client-Netzwerk zum Server/Server-Netzwerk zu „routen". Der OpenVPN-Server dient in diesem Netzwerk als zentrale Einheit – auch Gateway genannt. Die erste und wohl wichtigste Funktion des Servers in diesem Netzwerk ist die Vergabe von IP-Adressen an Client-Rechner bzw. an deren virtuelle TUN/TAP-Netzwerkkarten, wodurch die folgende Kommunikation überhaupt erst möglich gemacht wird.[adm, hei, pro]

4.2.2 Zertifikaterstellung mittels easyRSA

Für die Erzeugung aller benötigten Zertifikate und Schlüssel ist es sowohl für erfahrene als auch für weniger erfahrene Nutzer empfehlenswert, die „easyRSA" Skript-Sammlung von OpenVPN zu nutzen. Diese befindet sich nach der Installation standardmäßig im Verzeichnis „OpenVPN\easy-RSA".

Um zunächst die Standardkonfiguration zu erzeugen, wird der Befehl „init-config" ausgeführt. An dieser Stelle ist erwähnenswert, dass unter Microsoft Windows alle Skripte der „easyRSA"-Sammlung die Dateiendung „*.bat" tragen und somit ausführbare Batchdateien sind. Der Aufruf dieser Batchdateien kann unter Windows auch ohne Endung erfolgen, sofern keine andere Datei denselben Dateinamen mit „ausführbarer" Endung trägt. Dadurch ist die Konfiguration von OpenVPN unter Linux, Mac OS X und Windows mit den identischen Befehlen möglich, was eine erhebliche Vereinfachung für den Benutzer darstellt.

Nach dem Ausführen des Befehls „init-config" empfiehlt es sich, diese Datei umzubenennen um ein versehentliches Zurücksetzen auf die Standardkonfiguration zu verhindern. Anschließend müssen die Variablen der Datei „vars" bzw. „vars.bat" auf die entsprechenden Angaben der „Certificate Authority" – also der Zertifizierungsstelle, welche die entsprechenden Zertifikate für Server und Client erstellen wird – angepasst werden. Im Wesentlichen umfasst die Anpassung folgende Einträge im untersten Teil der genannten Datei:

```
set KEY_COUNTRY=
set KEY_PROVINCE=
set KEY_CITY=
set KEY_ORG=
set KEY_EMAIL=
```

Im Folgenden werden alle weiteren Schritte der Konfiguration und Inbetriebnahme des OpenVPN-Netzwerkes anhand der nachstehenden Beispieldaten erklärt und realisiert. Diese entsprechen den Angaben der sogenannten CA:

Name der Firma:	htwk
Land:	Deutschland
Bundesland:	Sachsen
Stadt:	Leipzig
Allgemeiner Name der CA (z.b. Hostname):	htwk-CA
Admin-EMail:	admin@htwk-leipzig.de
VPN-Servername:	ovpn.htwk-leipzig.de
VPN-Netz:	192.168.254.0/24
LAN-Netz:	10.0.0.0/24
VPN-Server IP (VPN):	192.168.254.1
VPN-Server IP (LAN):	10.0.0.1

[adm, otu, opn, ope, sar, cer, pap, ubu, nea, ind]

Sind alle Angaben der Datei „vars" bzw. „vars.bat" angepasst, kann sie ausgeführt werden. In diesem Schritt werden die oben genannten Einstellungen als globale Umgebungsvariablen im System erstellt. Dadurch wird die Ausführung des Befehls „clean-all" bzw. „clean-all.bat" ermöglicht und damit das in „vars" definierte Schlüsselverzeichnis „keys" (standardmäßiger Ordnername) mit allen darin enthaltenen Daten gelöscht und erneut angelegt (siehe Abbildung 10). Anschließend werden die Dateien „index.txt" und „serial" automatisch aus dem Hauptverzeichnis in das Schlüsselverzeichnis kopiert (im Hauptverzeichnis heißen die zuvor genannten Dateien aus Gründen der Datensicherung noch „index.txt.start" und „serial.start"). Um ein versehentliches Löschen von bereits erstellten Zertifikaten zu verhindern, empfiehlt es sich auch hier, die Datei nach der Ausführung aus Sicherheitsgründen umzubenennen. [adm, bu1, bu2, cer, ind, hei]

Der nächste Schritt der OpenVPN-Konfiguration ist optional. Er besteht darin, standardmäßige Parameter wie der verwendete Hashalgorithmus oder die Ablaufzeit der Zertifikate zu verändern. Dies geschieht durch das Bearbeiten der Datei „openssl.cnf", die sich ebenfalls im „easyRSA"-Verzeichnis befindet.

Wurden bis zu diesem Punkt alle Schritte der Konfiguration erfolgreich absolviert, kann mit der Erstellung des CA-Zertifikats begonnen werden. Dabei sollte unbedingt darauf geachtet werden, dass der Name der CA eindeutig ist.

Mit dem Befehl „build-ca" wird der neue private Schlüssel „ca.key" im Verzeichnis „keys" abgelegt. Während der Erstellung werden Angaben zur CA abgefragt, die jedoch bereits im Vorfeld definiert wurden und daher an dieser Stelle nur noch mit Enter bestätigt werden müssen. Einzig die Angabe „common name", die für den Namen der CA steht, muss manuell eingegeben werden. Da der „common name" auch für die Erstellung der Client- und Server-Zertifikate benötigt wird, sollte wie zuvor bereits beschrieben, dabei unbedingt auf Eindeutigkeit geachtet werden. Sollten wider Erwarten Fehler bei der Erstellung des CA-Zertifikats auftreten, beispielsweise durch einen Tippfehler, kann diese Prozedur jederzeit mit der Tastenkombination „Strg+c" abgebrochen und erneut ausgeführt werden. [adm, bu1, bu2, sar, ope, opn, ubu, gow]

Abbildung 11 zeigt das Ausführen des 'build-ca' Skripts

Im Falle einer erfolgreichen Zertifikatserstellung, empfiehlt es sich auch an dieser Stelle, die Datei „build-ca" bzw. „build-ca.bat" umzubenennen. Einem ungewollten Überschreiben des CA-Zertifikats kann damit vorgebeugt werden. (siehe Abbildung 11)

Der nächste Schritt bildet die Erstellung des Server-Zertifikats, welches für die Authentifizierung des Servers gegenüber der Clients benötigt wird. Um sicherzustellen, dass es sich bei dem vom Server vorgelegte Zertifikat auch wirklich um das korrekte Zertifikat handelt, wird es von der CA signiert. Sollte eine unbefugte Person versuchen, das Zertifikat des Server zu fälschen, beispielsweise indem sie ein neues Zertifikat mit den bereits vom Server verwendetet Angaben erstellt, unterscheidet sich dieses dennoch vom Original. Durch die Signierung mit einem anderen CA-Zertifikat erhält auch das Server-Zertifikat einen absolut unterschiedlichen Signaturschlüssel. Eine Verbindung zwischen einem Client und einem Server mit manipuliertem Zertifikat kann daher nicht Zustandekommen. Der Client lehnt das vom Server vorgewiesene Zertifikat ab und sperrt es gegebenenfalls dauerhaft.

Zur Erstellung des Zertifikats für den Server muss der Befehl „build-key-server" ausgeführt werden (siehe Abbildung 12). Zusätzlich muss ein Parameter, der den Namen des Servers angibt – zum Beispiel „build-key-server htwk-server" – angefügt werden. Wie bereits beim Erzeugen des CA-Zertifikats, ist es auch hier möglich die vorher definierten Angaben per

Eingabetaste zu übernehmen. Lediglich der „common name" muss wieder manuell eingegeben werden. Hier empfiehlt sich der Hostname des Rechners, der als Server fungieren soll. Optional kann an dieser Stelle das Zertifikat mit einem Passwort versehen werden. Die Meinungen der Experten, ob dies eine erhöhte Sicherheit bietet, gehen diesbezüglich auseinander. [adm, bu1, bu2, sar, ope, opn, ubu, gow]

Das Zertifikat an sich bietet auch ohne Kennwortschutz bereits eine 2048 Bit Verschlüsselung. Hinzu kommt, dass hierbei zwei Authentifizierungsmöglichkeiten in ihren Grundzügen kombiniert werden: wobei die eine Methode das bisher erklärte Public-Key-Verfahren darstellt. Die andere Methode der Authentifizierung hingegen auf einem statischen Schlüssel basiert, der sowohl auf dem Server als auch auf dem Client vorhanden sein muss.

Bevor die Zertifikaterstellung für den Server endgültig abgeschlossen ist, muss die Signierung durch das CA-Zertifikat manuell mit der Eingabe des Buchstaben „y" zweimal bestätigt werden (siehe Abbildung 13).

Abbildung 12 zeigt die Erstellung des Serverzertifikats (erster Teil)

Abbildung 13 zeigt die Erstellung des Serverzertifikats (zweiter Teil)

Im folgenden Schritt wird das Client-Zertifikat erstellt. Dafür führt man den Befehl „build-key" auf der Kommandozeile aus (siehe Abbildung 14). Zusätzlich muss ebenso an dieser Stelle der Parameter für den Namen des Clients angefügt werden („build-key client"). Auch in diesem Fall, können beim Server-Zertifikat die Default-Werte – bis auf den „common name" – durch die Eingabetaste übernommen werden. Neben der optionalen Möglichkeit ein Passwort zu setzen, muss dieses Zertifikat ebenfalls durch das CA-Zertifikat signiert werden, was wiederum die zweimalige Bestätigung mit der Taste „y" erfordert (siehe Abbildung 15).

Abbildung 14 zeigt die Erstellung des Clientzertifikats (erster Teil)

Abbildung 15 zeigt die Erstellung des Clientzertifikats (zweiter Teil)

Den Abschluss der Zertifikatserstellung bildet die Generierung des Diffie-Hellman-Parameters. Er ist die Voraussetzung dafür, die sensiblen Schlüssel über ungesicherte, öffentliche Netze sicher übertragen zu können. Ausgeführt wird diese Prozedur durch den Befehl „build-dh" bzw. „build-dh.bat" (siehe Abbildung 16). Je nach Rechenleistung des verwendeten Systems kann dieser Vorgang einige Minuten dauern (siehe Abbildung 17).

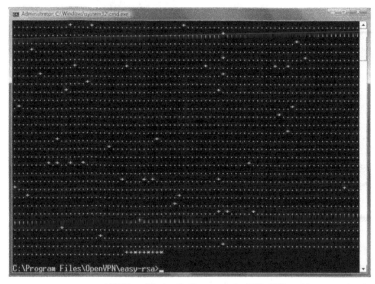

Abbildung 16 zeigt die Erzeugung des Diffie-Hellman Parameters (erster Teil)

Abbildung 17 zeigt die Erzeugung des Diffie-Hellman Parameters (zweiter Teil)

Wurden alle aufgeführten Schritte erfolgreich abgeschlossen, können im Schlüsselverzeichnis „keys" alle notwendigen Dateien für den Betrieb eines OpenVPN-Netzwerkes aufgefunden werden. Dateien mit den Endungen „*.key" sind die geheimen Schlüssel und gehören ausschließlich auf die dafür vorgesehenen Rechner. Sie dürfen keinesfalls anderweitig abgelegt oder archiviert werden. Die Endung „*.crt" steht für die erstellten Zertifikate, die eine Geheimhaltung nicht zwangsläufig erfordern. [adm, bu1, bu2, sar, ope, opn, ubu]

Für die Konfiguration des Clients sind die Dateien „client.key", „client.crt" und das CA-Zertifikat „ca.crt" in das Verzeichnis „\OpenVPN\config" des Client-Rechners zu übertragen. Es muss in jedem Fall über einen sicheren Kommunikationskanal geschehen, beispielsweise über das Hypertext Transfer Protocol Secure (HTTPS) oder das Secure File Transfer Protocol (SFTP). Die entsprechenden Dateien für den Server müssen anschließend auf dem gleichen System lediglich vom Schlüsselverzeichnis „key" in das Konfigurationsverzeichnis „config" übertragen werden. [adm, bu1, bu2, sar, ope, opn, ubu, gow]

4.2.3 Konfiguration der Verbindungseinstellungen

Im Anschluss an die Zertifikatskonfiguration folgt nun die Verbindungskonfiguration, die sich grundsätzlich in der zugewiesenen Rolle des Rechners im VPN-Netzwerk unterscheidet. Die Verbindungskonfiguration legt also fest, ob der dafür vorgesehene Rechner als Client oder Server im Netzwerk agieren soll.

Anders als bei der Client-Konfiguration, benötigt der Server neben den im vorherigen Abschnitt beschriebenen Zertifikaten auch die Diffie-Hellmann-Datei „dh-2048.pem", die sich für den Betrieb des OpenVPN-Servers zusammen mit den Zertifikaten im Konfigurationsordner „config" befinden muss. Anschließend folgt die Erstellung. Dafür muss eine neue Datei namens „server.ovpn" erstellt werden, die im Folgenden mit Verbindungsdaten versehen wird. Für die Konfiguration der Verbindung steht eine Vielzahl von Parametern zur Verfügung. Um die wichtigsten dieser Parameter zu verdeutlichen, wird die Beispielkonfiguration unter Umständen ausführlicher sein als sie in der Praxis verwendet wird. Dennoch handelt es sich bei der Beispielkonfiguration um eine korrekte Implementierung im Sinne des in dieser Arbeit zugrundeliegenden globalen Beispiels.

```
dev tun
server 192.168.254.0 255.255.255.0
port 1194
proto udp
ca ca.crt
cert ovpn-adm-de.crt
key ovpn-adm-de.key
dh dh2048.pem
cipher AES-256-CBC
ifconfig-pool-persist ipp.txt
push "route 10.0.0.0 255.255.255.0"
push "redirect-gateway"
push "DISABLE-NBT"
push "DOMAIN administrator-de.de"
push "dhcp-option DNS 10.0.0.10"
push "dhcp-option WINS 10.0.0.11"
keepalive 15 60
persist-key
persist-tun
client-to-client
status openvpn-status.txt
log-append openvpn.log
verb 4
mute 15
```

Der Quelltext für die Verbindungskonfiguration des Servers beginnt mit der Definition der verwendeten Netzwerkschnittstelle, in diesem Fall „tap". Der Server, der die IP-Adresse 192.168.254.0 im Subnet 255.255.255.0 zugewiesen bekommt, wartet dabei am UDP Port 1194 auf eingehende Verbindungen von Clientrechnern. Damit diese Kommunikation grundsätzlich möglich ist, muss der angegebene Port in der Firewall freigeschalten und von außen zugänglich gemacht werden. [adm, bu1, bu2, sar, ope, opn, ubu]

Die folgenden Zeilen der Konfiguration enthalten Angaben zu den verwendeten Zertifikaten bzw. zu deren Auffindungsort. Explizit handelt es sich dabei um das CA-Zertifikat, das Server-Zertifikat, den privaten Schlüsseln sowie die Diffie-Hellman Parameter-Datei mit dem generierten Schlüsselmaterial. Da sich all diese Dateien im gleichen Ordner wie die Konfigurationsdatei der Verbindung befinden, werden keine Pfadangaben benötigt. Sollten Pfadangaben bei abweichenden Konfigurationen jedoch notwendig werden, so können sie sowohl absolut als auch relativ angegeben werden.

An dieser Stelle ist nochmals darauf zu achten, dass der private Schlüssel geschützt und für Dritte unzugänglich ist. Umzusetzen ist dies zum Beispiel durch das Vergeben von entsprechenden Zugriffsrechten („chmod").

Der nächste Parameter („cipher") bestimmt den zu verwendenden Verschlüsselungsalgorithmus, in diesem Fall der 256 Bit verschlüsselte AES („Advanced Encryption Standard") Algorithmus im CBC („Cipher Block Chaining") Modus. In der nächsten Zeile wird die Datei für den DHCP-Dienst („Dynamic Host Configuration Protocol") hinterlegt, der die zu verbindenden Clients dynamisch mit IP-Adressen versorgt. Mit der Angabe des Parameters „ifconfig pool-persist" wird es ermöglicht, einem Client-Rechner immer wieder dieselbe IP-Adresse zuzuweisen. Die dafür nötigen Informationen werden in der Datei „ipp.txt" hinterlegt.

Einer der wichtigsten Parameter der Verbindungskonfiguration wird „push" genannt. Er ist in der Lage, alle anfallenden Informationen – beispielsweise die für den DHCP-Dienst benötigten Informationen – vom Server an den Client zu übertragen.

Eine ebenso wichtige Rolle spielt der Parameter „keepalive", der vor allem die Aufrechterhaltung der Verbindung gewährleistet. Zudem bestimmt er das Zeitintervall des „Ping" und setzt dadurch das damit verbundene „reconnect"-Signal fest. In Bezug auf das oben genannte Beispiel bedeutet dies, dass alle 15 Sekunden ein Ping-Signal verschickt wird. Sollte nach dieser Zeit keine Antwort von der Gegenstelle eintreffen, ist diese unter Umständen nicht mehr verfügbar. Nach spätestens 60 Sekunden, die in der Beispielkonfiguration dem „reconnect"-Intervall entsprechen, wird die Verbindung getrennt und erneut aufgebaut.

Der Parameter „persist-key" ist vor allem bei komplexeren OpenVPN-Netzwerken ein wichtiger und oft genutzter Eintrag. Er versetzt den Server in die Lage, den privaten Schlüssel im Speicher zu behalten – selbst wenn Veränderungen an der Verbindung vorgenommen werden. Ein Beispiel dafür wäre der Neustart des OpenVPN-Servers. Diesbezüglich ist folgender Eintrag von essentieller Bedeutung, denn durch die Zeile „persist-tun" hält der Server den Zugriff auf die TUN/TAP Schnittstelle weiterhin geöffnet. Das hat zum Vorteil, dass etwaige Probleme beim Zugriff auf die Ressource vermieden werden können.

Der Eintrag „status" stellt im vorgestellten Beispiel lediglich die Ausgabe des aktuellen Serverzustands dar. Diesbezügliche Informationen werden in die Datei „openvpn-status.txt" umgeleitet.

Ähnlich verhält es sich mit dem „log-append" Parameter, der einzig und allein zur Protokollierung möglicher, im OpenVPN-System auftretender Ereignisse dient und ebenfalls in eine externe Datei umgeleitet („openvpn.log") wird. Um bei der Protokollierung die Detailtiefe der ausgegebenen Ereignisse zu bestimmen, nutzt man den „verb"-Parameter. Die Genauigkeit der Ausgabe ist zwischen 0 (keine Ausgabe) und 15 (maximale Ausgabedetails) frei wählbar. Um zu vermeiden, dass die Protokollierung zu viele redundante Informationen enthält, kann mittels des „mute"-Parameters die maximale Anzahl derjenigen Meldungen bestimmt werden, die vom gleichen Typ sind und unmittelbar aufeinander folgen. [adm, bu1, bu2, sar, ope, opn, ubu, gow]

Für einen Überprüfung der fertigen Verbindungskonfiguration empfiehlt es sich die Server-konfiguration auf der Kommandozeile auszuführen. Dazu ist es notwendig die ausführbare Datei „openvpn" bzw. „openvpn.exe" auf einer Linux-Shell oder einem Windows Eingabeaufforderung-Fenster auszuführen. Die zu verwendende Konfiguration wird als Parameter angehangen. („opevpn - -config ..\config\server.ovpn" bzw. „openvpn.exe - - config config\server.ovpn")

Um nun die Richtigkeit der Konfiguration zu überprüfen, wird das von OpenVPN angelegte Log-File namens „opvpn.log" geöffnet. In dieser Datei werden alle zur Fehleranalyse benötigten Verbindungsinformationen des VPN-Netzwerkes gespeichert. Nach etwa 15 bis 20 Sekunden ist der Verbindungsaufbau des Servers abgeschlossen, alle wichtigen Informationen verarbeitet und im Log-File abgelegt. [net1, adm, lug, lea, gow, cer]

```
Sun Nov 25 02:26:58 2007 us=490533 Current Parameter Settings:
Sun Nov 25 02:26:58 2007 us=490765 config = 'server.ovpn'
Sun Nov 25 02:26:58 2007 us=490812 mode = 1
...
Sun Nov 25 02:26:58 2007 us=491183 NOTE:
--mute triggered...
Sun Nov 25 02:26:58 2007 us=491227 175 variation(s) on previous 15 message(s) sup
        pressed by --mute
Sun Nov 25 02:26:58 2007 us=491259 OpenVPN 2.0.9 Win32-MinGW [SSL] [LZO] built on Oct 1 2006
Sun Nov 25 02:26:58 2007 us=719188 Diffie-Hellman initialized with 2048 bit key
```

```
Sun Nov 25 02:26:58 2007 us=721863 TLS-Auth MTU parms [ L:1557 D:138 EF:38 EB:0 ET:0   EL:0]
Sun Nov 25 02:26:58 2007 us=771265 TAP-WIN32 device [TST-VPN] opened:    \\.\Global\{}.tap
Sun Nov 25 02:26:58 2007 us=771338 TAP-Win32 Driver Version 8.4
Sun Nov 25 02:26:58 2007 us=771370 TAP-Win32 MTU=1500
Sun Nov 25 02:26:58 2007 us=771414 Notified TAP-Win32 driver to set a DHCP       IP/netmask of
192.168.254.1/255.255.255.252 on interface {} [DHCP-serv: 192.168.254.2, lease-time:
31536000]
Sun Nov 25 02:26:58 2007 us=771581 Sleeping for 10 seconds...
Sun Nov 25 02:27:08 2007 us=772976 Successful ARP Flush on interface [tum] {}
Sun Nov 25 02:27:08 2007 us=777730 route ADD 192.168.254.0 MASK 255.255.255.0   192.168.254.2
Sun Nov 25 02:27:08 2007 us=783510 Route addition via IPAPI succeeded
Sun Nov 25 02:27:08 2007 us=783578 Data Channel MTU parms [ L:1557 D:1450 EF:57 EB:4 ET:0
EL:0 ]
Sun Nov 25 02:27:08 2007 us=783673 Socket Buffers: R=[8192->8192] S=[8192->8192]
Sun Nov 25 02:27:08 2007 us=783738 UDPv4 link local (bound): [undef]:1194
Sun Nov 25 02:27:08 2007 us=783766 UDPv4 link remote: [undef]
Sun Nov 25 02:27:08 2007 us=783794 MULTI: multi_init called, r=256 v=256
Sun Nov 25 02:27:08 2007 us=783863 IFCONFIG POOL: base=192.168.254.4 size=62
Sun Nov 25 02:27:08 2007 us=783919 IFCONFIG POOL LIST
Sun Nov 25 02:27:08 2007 us=783984 Initialization Sequence Completed
```

Im oben aufgeführten Protokoll sind alle Schritte des Verbindungsaufbaus aufgeschlüsselt. Die letzte Zeile der Datei gibt Auskunft über die Richtigkeit der Syntax. Sollte die Verbindungskonfiguration syntaktisch korrekt sein, protokolliert OpenVPN folgende Meldung in der Datei „opevpn.log": „Initialization Sequence Completed". Diese Auskunft sagt jedoch nichts über die inhaltliche Korrektheit der Konfiguration aus.

Die nun folgende Verbindungskonfiguration des Client-Rechners verläuft im Wesentlichen analog zur Verbindungskonfiguration des Servers. Bevor die Konfiguration weiter fortgesetzt werden kann, müssen zunächst die für die Verbindung erforderlichen Zertifikate vom Server zum Client übertragen werden. Die Zertifikate „ca.crt", „client.crt" und der private Schlüssel „client.key" sollten wenn möglich auf einem sicheren Kommunikationskanal übertragen werden, da sonst die Integrität der Daten nicht gewährleistet werden kann. Im Anschluss daran, kann eine neue und zunächst leere Datei für die Verbindungskonfiguration erstellt mit der Definition des Verbindungsablaufes begonnen werden. [adm, pap, ope, opn, sar, cer]

```
client
port 1194
proto udp
dev tap
ca ca.crt
cert client1.crt
key client1.key
cipher AES-256-CBC
remote 127.0.0.1
resolv-retry infinite
nobind
persist-key
persist-tun
mute-replay-warnings
verb 3
mute 20
```

Der für die Client-Konfiguration wohl wichtigste Parameter „client" findet sich in der Verbindungskonfiguration gleich in der ersten Zeile. Er signalisiert der OpenVPN-Software, dass sie im Client-Modus gestartet werden soll. Die ausgehende Verbindung soll dabei das UDP Protokoll nutzen und auf dem Port 1194 eine Verbindung aufbauen. Offensichtlich wird dies durch die Parameter „port" und „proto".

Das für diese Verbindung zu verwendende Interface wird mittels „dev" angegeben. Dabei muss darauf geachtet werden, dass es sich um genau das Interface handelt, das auch der Server verwendet. Die nun folgenden Zertifikate und der private Schlüssel werden, wie bereits beim Server, über „ca", „cert" und „key" definiert. Der Parameter „cipher" gibt dabei den vom Server verwendeten Verschlüsselungsalgorithmus wieder. Im globalen Beispiel entspricht das dem 256 Bit verschlüsselten AES („Advanced Encryption Standard") Algorithmus im CBC Modus („Cipher Block Chaining"). [adm, bu1, bu2, sar, ope, opn, ubu, gow]

Eine essentielle Information der Verbindungskonfiguration ist der „remote"-Parameter. Er gibt die Adresse des Servers an, die sowohl eine IP-Adresse als auch Hostname, wie er zum Beispiel bei der Verwendung von dynamischen DNS Diensten verwendet wird, sein kann. Dadurch ist es möglich einen Server immer über denselben Hostnamen zu erreichen, auch wenn sich dessen IP fortwährend ändert. Der darauffolgende Eintrag der Verbindungskonfiguration regelt die Anzahl der Versuche Hostnamen beim DNS aufzulösen.

Dieser Eintrag kann auch auf unendlich („infinite") geschalten werden, was jedoch zu Problem mit nicht auflösbaren Hostnamen führen kann.

Um den OpenVPN-Dienst nicht an einen bestimmten Port zu binden, wird der Parameter „nobind" verwendet. Dadurch wird ein beliebiger, vom Betriebssystem bereitgestellter Port für die Kommunikation nach außen genutzt und wie zuvor bei der Server-Konfiguration beschrieben, werden auch bei der Client-Konfiguration der „persist-key"- und der „persist-tun"-Parameter genutzt, um etwaige Neustarts oder andere Aktionen selbstständig durchführen zu können und dabei eventuellen Problemen bezüglich des Zugriffsrechts vorzubeugen. [adm, bu1, bu2]

Da die Verbindung von OpenVPN über das UDP-Protokoll hergestellt wird, ist der „mute-replay-warnings"-Parameter für die OpenVPN-Konfiguration unabdingbar. Er verhindert Fehlermeldungen über Datenpakete die doppelt eingetroffen sind. Dass der Server ein Paket mehrfach verschicken kann, liegt am verwendeten Verbindungsprotokoll UDP. Dieses ist im Gegensatz zum TCP-Protokoll nicht in der Lage, das korrekte Eintreffen der Datenpakete beim Empfänger zu erfassen. Daher kann es durchaus vorkommen, dass nicht jedes Datenpaket beim Empfänger eintrifft und der Server es wiederholt senden muss. Durch diesen augenscheinlichen Nachteil des UDP-Protokolls resultiert jedoch gleichzeitig sein größter Vorteil. Datenpakete die über das UDP-Protokoll verschickt werden, sind bedeutend schneller als beim vergleichbaren TCP-Protokoll.

Die beiden letzten Einträge der Verbindungskonfiguration des Client-Rechners sind identisch mit der Serverkonfiguration. Sie dienen der Reglementierung des Umfangs der Logging-Funktion von OpenVPN. [adm, bu1, bu2]

Um nun die fertige Clientkonfiguration zu testen, begibt man sich wieder auf die Kommandozeilenebene. Dabei muss man unterscheiden, ob man die Konfiguration auf demselben Rechner ausführt, auf dem bereits der OpenVPN-Server läuft oder auf einem anderen Rechner. Je nachdem erfolgt am Ende des Log-Files eine Fehlermeldung über die bereits benutzte Netzwerkschnittstelle oder nicht.

Ausgeführt wird OpenVPN mit der Clientkonfiguration über folgende Eingabe in der Konsole:

„openvpn.exe - -config ..\config\client.ovpn" bzw. „openvpn - -config ..\config\client.ovpn".

```
C:\Programme\OpenVPN\clientconfig>..\bin\openvpn.exe --config client.ovpn
Wed Nov 28 22:54:22 2007 OpenVPN 2.0.9 Win32-MinGW [SSL] [LZO] built on Oct 1 2006
Wed Nov 28 22:54:22 2007 WARNING: No server certificate verification method has been
enabled.
Wed Nov 28 22:54:22 2007 Control Channel MTU parms [ L:1589 D:138 EF:38 EB:0 ET:0 EL:0]
Wed Nov 28 22:54:22 2007 Data Channel MTU parms [ L:1589 D:1450 EF:57 EB:4 ET:32 EL:0]
Wed Nov 28 22:54:22 2007 Local Options hash (VER=V4): '7778e742'
Wed Nov 28 22:54:22 2007 Expected Remote Options hash (VER=V4): '3c42a582'
Wed Nov 28 22:54:22 2007 UDPv4 link local: [undef]
Wed Nov 28 22:54:22 2007 UDPv4 link remote: 127.0.0.1:1194
```

Wed Nov 28 22:54:22 2007 TLS: Initial packet from 127.0.0.1:1194, sid=9a453e3b
fe90f282

Wed Nov 28 22:54:22 2007 VERIFY OK: depth=1,

/C=DE/ST=Thueringen/L=Erfurt/O=administrator-de/OU=CA-
Administration/CN=adm-de-ROOT-CA/emailAddress=admin@administrator-de.de

Wed Nov 28 22:54:22 2007 VERIFY OK: depth=0, /C=DE/ST=Thueringen/O=administrator-
de/OU=CA-Administration/CN=ovpn-adm-
de.dyndns.org/emailAddress=admin@administrator-de.de

Wed Nov 28 22:54:23 2007 Data Channel Encrypt: Cipher 'AES-256-CBC' initializedwith 256
bit key

Wed Nov 28 22:54:23 2007 Data Channel Encrypt: Using 160 bit message hash 'SHA1'   for
HMAC authentication

Wed Nov 28 22:54:23 2007 Data Channel Decrypt: Cipher 'AES-256-CBC' initialized   with
256 bit key

Wed Nov 28 22:54:23 2007 Data Channel Decrypt: Using 160 bit message hash 'SHA1'   for
HMAC authentication

```
Wed Nov 28 22:54:23 2007 Control Channel: TLSv1, cipher TLSv1/SSLv3 DHE-RSA-AES256-  SHA,
2048 bit RSA
```

Wed Nov 28 22:54:23 2007 [ovpn-adm-de.dyndns.org] Peer Connection Initiated with
127.0.0.1:1194

```
Wed Nov 28 22:54:24 2007 SENT CONTROL [ovpn-adm-de.dyndns.org]: 'PUSH_REQUEST'(status=1)
```

Wed Nov 28 22:54:24 2007 PUSH: Received control message: 'PUSH_REPLY,route 10.0.0.0
255.255.255.0,redirect-gateway,dhcp-option DNS 10.0.0.10,dhcp-option WINS
10.0.0.11,route-gateway 192.168.254.1,ping 15,ping-restart 60,ifconfig
192.168.254.2 255.255.255.0'

```
Wed Nov 28 22:54:24 2007 OPTIONS IMPORT: timers and/or timeouts modified
Wed Nov 28 22:54:24 2007 OPTIONS IMPORT: --ifconfig/up options modified
Wed Nov 28 22:54:24 2007 OPTIONS IMPORT: route options modified
Wed Nov 28 22:54:24 2007 OPTIONS IMPORT: --ip-win32 and/or --dhcp-option options
modified
Wed Nov 28 22:54:24 2007 CreateFile failed on TAP device: \\.\Global\{158F2E9D-    AF0B-
46B0-BE7D-81ED9D06947D}.tap
```

```
Wed Nov 28 22:54:24 2007 All TAP-Win32 adapters on this system are currently inuse.
Wed Nov 28 22:54:24 2007 Exiting
```

Zur richtigen Interpretation der Protokolleinträge von OpenVPN ist die Bedeutung einzelner Einträge von großer Wichtigkeit. Die wesentlichen und für die Funktionalität entscheidenden Einträge werden im Folgenden näher betrachtet:

In der chronologischen Abfolge des Protokolls ist „TLS: Initial packet from" der erste Eintrag, der für die Verbindung von Relevanz ist. Er überprüft den Verbindungsstatus des Servers. Wurde diese Prüfung bestanden, ist die Kommunikation mit dem Server sichergestellt. Der nächste relevante Eintrag überprüft die notwendigen Zertifikate auf ihre Gültigkeit. Vorrangig werden dabei die Server- und Client-Zertifikate kontrolliert und erst anschließend das CA-Zertifikat. Die Gültigkeitsprüfung erfolgt durch den Eintrag „VERIFY OK: depth=". Um sicherzustellen, dass sowohl für die Verschlüsselung als auch für die Authentifizierung und Signierung dieselben Verfahren genutzt werden, müssen sie beim Verbindungsaufbau ebenfalls überprüft werden. Dies geschieht mit den Einträgen „Data Channel Encrypt" und „Data Channel Decrypt". Ob die Verbindung mit dem Server aufgenommen werden konnte, wird über den Eintrag „Peer Connection Initiated with" ersichtlich. Bei erfolgreicher Abarbeitung wird einerseits die IP-Adresse und andererseits der über DNS aufgelöste Hostname des Servers ausgegeben. Der Eintrag „PUSH: Received control message" gibt Auskunft über die vom Server mittels Push übertragenen Parameter an den Client-Rechner. Die empfangenen Push-Parameter werden nun vom Client mit der „OPTIONS IMPORT"-Methode in die eigene Konfiguration übernommen. [adm, bu1, bu2, cer]

4.2.4 Inbetriebnahme

Wurden bis zu diesem Punkt alle aufgeführten Schritte erfolgreich absolviert, kann das OpenVPN-Netzwerk in Betrieb genommen werden. Es bieten sich dafür mehrere Möglichkeiten an. Die vorher definierten Konfigurationen werden mittels der Kommandozeile ausgeführt. Diese Art empfiehlt sich vor allem für Server, die den OpenVPN-Dienst bereits in das Startup-Skript einbinden möchten (und somit keinen im Vordergrund laufenden Prozess benötigen, der das Terminal blockiert). Für Client-Rechner besteht zwar auch die Möglichkeit, den OpenVPN-Dienst beim Systemstart einzubinden, das ist jedoch nicht in jedem Fall erwünscht. Auch ein permanent laufendes Kommando-zeilenfenster auf dem Desktop ist für einen Client-Rechner keine adäquate Lösung. Der Hersteller von OpenVPN entwickelte daher für seine neuste Version ein Windows-Programm mit GUI (Graphical User Interface), das in der Lage ist den OpenVPN-Dienst eigenständig zu starten, verschiedene Verbindungen zu verwalten und das Verbindungsprotokoll auszuwerten (siehe Abbildung 18). Nach dem Verbindungsaufbau verschwindet das Programm als „Icon" in der Taskleiste (siehe Abbildung 19).

Da der Betrieb des OpenVPN-Netzwerkes unabhängig vom verwendeten Betriebssystem ist, ist es problemlos möglich, den OpenVPN-Server beispielsweise auf einem Linux-Rechner arbeiten zu lassen und sowohl Linux-, Windows- als auch Mac-Rechner als Clientsysteme einzusetzen. Um zu überprüfen, ob die aufgebaute Verbindung auch tatsächlich funktioniert, eignet sich das auf fast allen Betriebssystemen verfügbare Programm „Ping". Dieses Programm sendet ein sogenanntes ICMP-Paket, auch Echo genannt, an den zu prüfenden Rechner und wartet auf dessen Antwort. Antwortet der kontaktierte Rechner nicht in einem bestimmten Zeitfenster, so deutet das auf Nichterreichbarkeit hin. Da ICMP-Pakete im lokalen Netzwerk durchaus „geroutet" werden, müsste ein korrekt mit dem OpenVPN-Netzwerk verbundener Rechner auf das Ping-Signal reagieren. Ist dies nicht der Fall, so liegt ein Verbindungsproblem vor, dass mit Hilfe der Protokolldaten ausfindig gemacht werden kann. [adm, bu1, bu2, ope, opn, pro, cer, net1, nea]

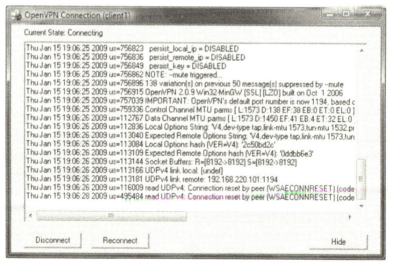

Abbildung 18 zeigt die Protokolloberfläche des OpenVPN GUI

40

Abbildung 19 zeigt das Taskleistensymbol des OpenVPN GUIs (ganz links)

5 Zusammenfassung

Die Grundlage für die Benutzung von OpenVPN ist die Integrität der zu übermittelnden Daten. Auf der Grundlage eines IP Netzwerkes können sämtliche Anwendungsmöglichkeiten über das TLS / SSL Protokolls abgesichert und für OpenVPN genutzt werden. Erst durch die Anwendung verschiedenster kryptografischer Verfahren kann die sichere Kommunikation gewährleistet werden.

Durch die Unterstützung des easyRSA-Skriptpakets ist der Anfang für das Einrichten einer VPN Lösung auf OpenVPN-Basis stark vereinfacht worden. Nach der Erstellung der notwendigen Zertifikate erfolgt die Verteilung auf die für das Netzwerk relevanten Client-Rechner. Diese Zertifikatverteilung muss auf einem sicheren und für Dritte unzugänglichen Weg geschehen, da sonst die Sicherheit des kompletten Netzwerks gefährdet ist. Die darauffolgende Verbindungskonfiguration ist je nach Umfang und Komplexität des VPN-Netzwerkes sehr variabel. Positiv wirkt sich diesbezüglich die umfangreich und ausreichend dokumentierte Webpräsenz des Herstellers „OpenVPN Technologies, Inc." aus. Neben einigen kommentierten Beispielkonfigurationen von Seiten des Herstellers, bieten auch zahlreiche, frei im Internet zugängliche Communities kostenlos Hilfe und Unterstützung an.

Nach Abschluss der Verbindungskonfiguration, können die „*.ovpn" Dateien auf die dafür bestimmten Rechner übertragen werden. Von Vorteil ist hier, dass für die einzelnen Clients zwar die jeweiligen Zertifikate erstellt werden müssen, die Verbindungskonfiguration für jeden Clientrechner jedoch identisch sein kann. Dieser Vorteil ergibt sich aus der OpenVPN-Eigenschaft, Rechner dynamisch mit Verbindungsdaten, wie IP-Adressen, zu versorgen.

Die Inbetriebnahme kann entweder auf Kommandozeilenebene stattfinden oder mit einem Programm, das eine GUI bereitstellt. Beide Methoden führen ausschließlich das Programm OpenVPN mit den vorher definierten Optionen aus. Das Zustandekommen einer Verbindung kann mittels „ping"-Befehl überprüft werden.

Damit stellt OpenVPN eine interessante, vor allem aber kostenlose, sichere und individuell anpassbare Alternative zu Microsofts IPSEC dar. [adm, bu1, bu2, mar, ubu, nye]

Anhang

„Für den Schlüsselaustausch sind in SSL die folgenden Verfahren definiert:

- RSA: Hierbei handelt es sich um das Public Key Verfahren RSA ohne eine Beschränkung der Schlüssellängen. Auch für die Signatur wird RSA verwendet.
- RSA_EXPORT: Auf Grund der früheren Exportbeschränkungen der USA ist in diesem Modus die Länge des öffentlichen Schlüssels auf 512 Bit begrenzt.
- DH_DSS: Der Schlüsselaustausch findet mit festen Diffie-Hellman Schlüsseln ohne Beschränkung der Schlüssellänge statt. Zur Signierung verwendet dieser Modus den Digital Signature Standard DSS.
- DH_DSS_EXPORT: Dieser Modus entspricht dem Modus DH_DSS, nur die Schlüssellänge des öffentlichen Diffie-Hellman Schlüssels ist auf 512 Bit begrenzt. Der Schlüssel für die Signatur ist davon nicht betroffen.
- DH_RSA: Auch hier findet der Schlüsselaustausch mit festen Diffie-Hellman Schlüsseln statt. Zur Erstellung der Signatur wird nun allerdings auf den RSA zurückgegriffen. Eine Beschränkung der Schlüssellängen besteht nicht.
- DH_RSA_EXPORT: Der Modus DH_RSA_EXPORT entspricht dem Modus DH_RSA, allerdings mit der Beschränkung der Schlüssellänge des öffentlichen Diffie-Hellman Schlüssels auf 512 Bit.
- DHE_DSS: Das ‚E' steht in diesem Falle für ephemeral, was flüchtig bedeutet. Gemeint ist damit, dass der Sender ein temporäres, also flüchtiges, Diffie-Hellman Schlüsselpaar erzeugt und dieses mit DSS signiert. Die Signatur wiederum wird von einer Certification Authority CA bestätigt.
- DHE_DSS_EXPORT: Dies ist die Exportvariante von DHE_DSS, bei der der öffentliche Diffie-Hellman Schlüssel auf 512 Bit beschränkt ist.
- DHE_RSA: Es werden temporäre Diffie-Hellman Schlüssel wie bei DHE_DSS erzeugt, nur dass diese mit RSA statt DSS signiert werden.
- DHE_RSA_EXPORT: Auch hier gilt wieder die Beschränkung des öffentlichen Diffie-Hellman Schlüssels auf 512 Bit. Abgesehen davon entspricht der Modus dem Modus DHE_RSA.

...

- **FORTEZZA_KEA:** Im Modus FORTEZZA_KEA wird der Algorithmus KEA der NSA zum Schlüsselaustausch genutzt. Da die Implementierung des Algorithmus auf einer Fortezza-Karte realisiert ist, trägt der Modus die Bezeichnung FORTEZZA_KEA." [aus REP2]

„Die eingesetzten Chiffren werden bei SSL in Strom- und Blockchiffren eingeteilt.

Die für SSL definierten Stromchiffren sind:

- **NULL:** Die Daten werden im Klartext übertragen, daher kann man diesen Modus als Stromchiffre betrachten. Dieser Modus unterliegt keinen Exportbeschränkungen.
- **RC4_128:** Zur Verschlüsselung benutzt dieser Modus den RC4 Algorithmus. Die Schlüssellänge beträgt 128 Bit.
- **RC4_40:** Im Modus RC4_40 wird der Algorithmus RC4 benutzt, die effektive Schlüssellänge beträgt aber nur 40 Bit. Durch Padding wird der geheime Schlüssel auf eine Länge von 128 Bit gebracht. Dieser Modus darf exportiert werden.

Die folgenden Blockchiffren werden bei SSL eingesetzt:

- **DES_CBC:** Der Algorithmus DES wird im Betriebsmodus Cipher Block Chaining CBC betrieben. Die effektive Schlüssellänge beträgt 56 Bit.
- **DES40_CBC:** Hierbei handelt es sich um die Exportversion des DES im CBC-Modus. Der geheime Schlüssel der Länge 40 Bit wird durch Padding auf die erforderliche Länge von 56 Bit gebracht und anschließend werden die acht Paritätsbits eingefügt.
- **3DES_EDE_CBC:** Beim Modus 3DES_EDE_CBC findet der Triple-DES Anwendung. Auch diese Chiffre wird im Betriebsmodus CBC betrieben. Die effektive Schlüssellänge beträgt 168 Bit – das heißt, es kommen drei Schlüssel zum Einsatz.

...

- **RC2_CBC:** In diesem Modus wird der Algorithmus RC2 verwendet. Er wird im CBC-Modus betrieben und die Schlüssellänge beträgt 128 Bit.
- **RC2_CBC_40:** Dieser Modus ist die Exportvariante des RC2_CBC. Die Schlüssellänge ist hierbei auf 40 Bit begrenzt.

- FORTEZZA_CBC: Im Modus FORTEZZA_CBC wird die Chiffre SKIPJACK der NSA im CBC-Modus betrieben. Die Implementierung erfolgt auf einer Fortezza-Karte, daher die Namensgebung des Modus. Die Schlüssellänge beträgt 80 Bit."

[aus REP3]

Quellenverzeichnis

[adm]
http://www.administrator.de/OpenVPN_-_Teil_1_-
_Installation,_Konfiguration_und_erstellung_der_Zertifikate.html
Stand: 25.01.2009

[bra]
http://zeus.fh-
brandenburg.de/~wiesner/sicherheit/GrundlagenSS2003/virtuelle_private_netze.pdf
Stand: 08.01.2009

[cer]
http://mycert.sandbox.cz/
Stand: 19.01.2009

[cot]
http://www-rnks.informatik.tu-
cottbus.de/content/unrestricted/teachings/2005/SS/ProseminarInternet/Ausarbeitungen/SSL.p
df
Stand: 27.12.2008

[eck]
http://www.eckner.org/ssl.pdf
Stand: 22.12.2008

[gow]
http://www.goweb.de/openvpn.htm
Stand: 15.01.2009

[hei]
http://www.heise.de/security/artikel/print/71967
Stand: 15.01.2009

[hub]
http://sarwiki.informatik.hu-berlin.de/OpenVPN_(deutsch)
Stand: 18.01.2009

[ietf]
http://tools.ietf.org/html/rfc5246
Stand: 05.01.2009

[ietf1]
http://www.ietf.org/html.charters/tls-charter.html
Stand: 22.12.2008

[ind]
http://www.indato.ch/openvpn/openvpn.html
Stand: 21.01.2009

[inf]
http://www.voip-information.de/vpn/anforderungen-vpn.html
Stand: 08.01.2009

[itw]
http://www.itwissen.info/definition/lexikon/virtual-private-network-VPN-Virtuelles-privates-Netzwerk.html
Stand: 28.12.2008

[lag]

http://www.ifi.uzh.ch/ikm/Vorlesungen/Sem_Sich01/Lagler.pdf

Stand: 22.12.2008

[lua]

http://www.luga.de/Angebote/Vortraege/OpenVPN/OpenVPN.pdf

Stand: 25.01.2009

[lug]

http://www.lugah.de/fileadmin/material/vortraege/OpenVPN-Vortrag/OpenVPN.pdf

Stand: 15.01.2009

[mar]

http://www.mathematik.uni-marburg.de/~schmidtm/openvpn_slides.pdf

Stand: 28.12.2008

[nea]

http://www.netnea.com/articles/openvpn.pdf

Stand: 13.01.2009

[net]

Ebook VPN – Virtuelle Private Netzwerke, Manfred Lipp, Quelle: net.com

Stand: 29.12.2008

[net1]

http://www.6net.org/publications/presentations/strauf-openvpn.pdf

Stand: 07.01.2009

[nye]

http://www.nyetwork.org/fvlug/OpenVPN.ppt

Stand: 05.01.2009

[ope]

http://www.openvpn.eu/index.php?id=48&L=1

Stand: 07.01.2009

[opn]

http://openvpn.net/

Stand: 05.01.2009

[ops]

http://www.openssl.org/

Stand: 18.01.2009

[otu]

http://www.online-tutorials.net/security/openvpn-tutorial/tutorials-t-69-209.html

Stand: 25.01.2009

[pap]

http://openvpn.net/papers/BLUG-talk/BLUG-talk.ppt

Stand: 05.01.2009

[pro]

http://www.pronix.de/pronix-935.html

Stand: 17.01.2009

[rep1]

http://www.repges.net/SSL/ssl.html

Stand: 27.12.2008

[rep2]

http://www.repges.net/SSL/Komponenten_SSL/Schlusselaustausch_SSL/schlusselaustausch_ssl.html

Stand: 27.12.2008

[rep3]

http://www.repges.net/SSL/Komponenten_SSL/Chiffren_SSL/chiffren_ssl.html

Stand: 27.12.2008

[rep4]

http://www.repges.net/SSL/Komponenten_SSL/Cipher_Suites_SSL_und_TLS/cipher_suites_
ssl_und_tls.htm

Stand: 27.12.2008

[sar]

http://sarwiki.informatik.hu-berlin.de/OpenVPN (deutsch)

Stand: 17.01.2009

[sud]

http://www.sueddeutsche.de/computer/334/432084/text/

Stand: 22.12.2008

[tum]

http://www.net.in.tum.de/teaching/WS02/security/securityUeb/05ausarbeit.pdf

Stand: 29.12.2008

[ubu]

http://wiki.ubuntuusers.de/OpenVPN

Stand: 05.01.2009

[ulm]

http://www.mathematik.uni-ulm.de/sai/ss04/internet/moll.pdf

Stand: 27.12.2008

[ulm1]

http://www.mathematik.uni-ulm.de/sai/ss04/internet/moll.pdf

1.3 Aufbau und Eigenschaften von TLS; Seite 4

Stand: 21.12.2008

[win]

http://www.wintotal.de/Artikel/vpnxp/vpnxp.php

Stand: 28.12.2008

[bu1]

OpenVPN - Grundlagen, Konfiguration, Praxis

Auflage: August 2006

ISBN: 978-3-89864-396-2

Verlag: dpunkt.verlag

[bu2]

OpenVPN - Das Praxisbuch

Auflage: Oktober 2008

ISBN: 978-3-8362-1197-0

Verlag: Galileo Computing

[bu3]

SSL and TLS: Building and Designing Secure Systems

Auflage: November 2000

ISBN-13: 978-0201615982

Verlag: Addison-Wesley Longman, Amsterdam

[bu4]

Transportsicherheit SSL TLS

Auflage: Juli 2007

ISBN-13: 978-3638681186

Verlag: GRIN Verlag